夜ながめ朝とくテスト88の特長

JN029684

一生モノの学習習慣が身につく！

☑夜と朝の脳に合った学習ができる！

夜は睡眠により記憶が定着しやすく、朝は脳が最も活発にはたらくといわれています。このドリルは、夜と朝それぞれの時間帯の脳のはたらきに合わせた学習法で効率よく学習できます。

☑1回1ページで無理なく続けられる！

「夜は表のイラストをながめて学ぶ・朝は裏の問題を解く」という無理のない量で構成されているので、負担を感じることなく、楽しくやりきることができます。

☑テストのページで理解度を確認できる！

夜・朝のページだけでなく、テストのページも収録しています。夜・朝のページで学んだことの理解度を確認することができます。

夜ながめて朝テスト88の使い方

1 寝る前に夜のページ（表）をながめる。

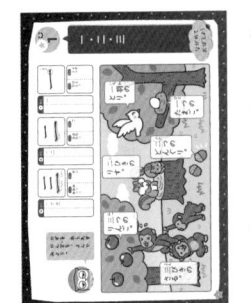

夜、寝る前は記憶のゴールデンタイムといわれています。楽しいイラストをながめながら、漢字について学びましょう。一枚ずつはがして使うこともできます。

2 ぐっすり眠る。

脳は、寝ている間に記憶を整理します。ぐっすり眠って、学習した内容を定着させましょう。

3 起きたら、朝のページ（裏）の問題を解く。

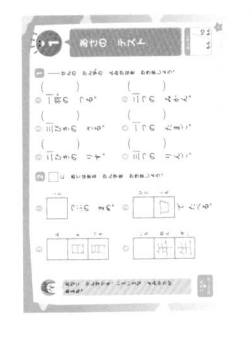

朝は脳が最も活発にはたらく時間帯です。前の日の夜に学んだことを思い出しながら、問題を解きましょう。解き終わったら、おうちの方に答え合わせをしてもらいましょう。

いっしょにがんばろう！

ワッコ

ホッポ

てがきで
おぼえよう

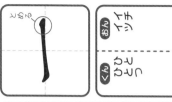

おん イチ
くん ひと(つ)

① かく 一

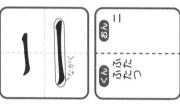

おん ニ
くん ふた、ふた(つ)

② かく 二

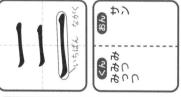

おん サン
くん みっ(つ)、みっ

③ かく 一 二 三

かずを あらわす
かん字を、ぜんぶで
みっつ。

1 まとめ テスト

1 ――せんの かん字の よみがなを かきましょう。

①　（　　　　）
下の した。

②　（　　　　）
三つの みかん。

③　（　　　　）
三びきの ねこ。

④　（　　　　）
一つの だまり。

⑤　（　　　　）
二ひきの いぬ。

⑥　（　　　　）
三つの くるま。

2 □に あてはまる かん字を かきましょう。

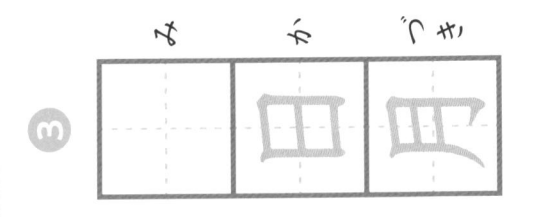
① ふた　[　　]こうの まめ。

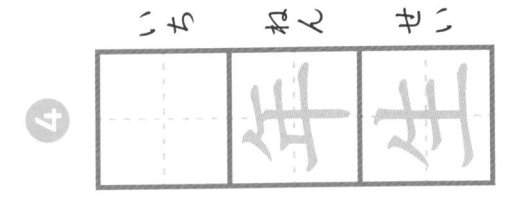
② ひと　くち　[人][口]で たべる。

③ み　か　づき　[　][日][月]

④ いち　ねん　せい　[　][年][生]

おなじ かずの かん字でも、いろいろな よみかたが あるね。

こたえ ▶ 75ページ

ながれて おぼえよう

おん シ
くん よ・よつ・よっつ・よん

5かく 一 冂 四 四 円

おん ゴ
くん いつ・いつつ

4かく 一 丆 五 五

おん ロク
くん む・むつ・むっつ・むい

4かく 一 亠 六 六

いろいろ
おかしパーティー。
おかしの かずを
かぞえて みてね。

2 まとめ テスト

せいかい /10 もん もん

1 ——せんの かん字の よみがなを かきましょう。

( ) ( )
① 四いの ケーキ。 ② 四角い クッキー。

( ) ( )
③ 五まいの せんべい。 ④ 五つの キャンディー。

( ) ( )
⑤ 六つの だまり。 ⑥ 六人の 子ども。

2 □に あてはまる かん字を かきましょう。

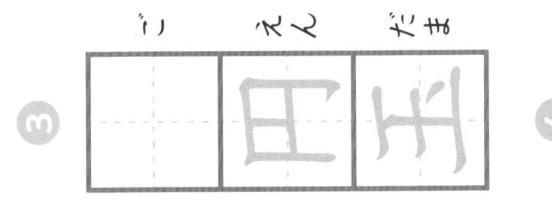

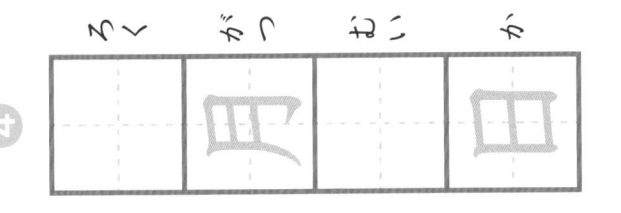

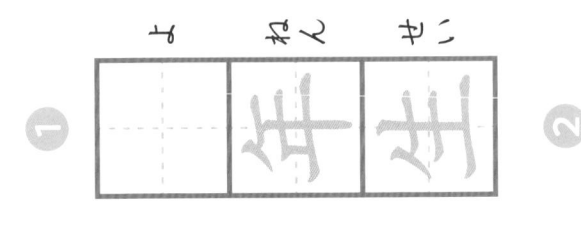

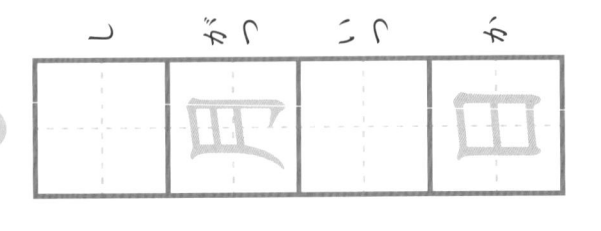

かずの かん字を つかった、いろいろな ことばが あるね。

七・八・九

なかまが 2つ おぼえよう

おん シチ
くん なな・なな(つ)・なな(の)

2かく 一七

おん ハチ
くん や・や(つ)・やっ(つ)・よう

2かく 丶八

おん キュウ・ク
くん ここの・ここの(つ)

2かく ノ九

「七」は「四月」や「七タ」とよみます。

7

3 まとめ テスト

1 ——せんの かん字の よみがなを かきましょう。

① （　　　　　）
七の もも。

② （　　　　　）
七月生まれ

③ （　　　　　）
八の すいか。

④ （　　　　　）
八つ当たり

⑤ （　　　　　）
九の パイナップル。

⑥ （　　　　　）
九つの レモン。

2 □に あてはまる かん字を かきましょう。

① はち がつ ここの か
[　]月[　]日

② なな
[　]色の にじ。

③ く がつ よう か
[　]月[　]日

④ しち じ さん
[　][　][　]

「八つ当たり」は、せきにんの ない 人に あたりちらす ことです。

こたえ ▶ 75ページ

十・百・千

なぞって
おぼえよう

十
おん ジュウ・ジッ・(ジュッ)
くん とお

② かく 一 十

百
なかく
おん ヒャク
くん ー

⑥ かく 一 ァ ァ 百 百 百

千
はらう
おん セン
くん ち

③ かく 一 二 千

大きな かずの かんじだね。

4 まとめ テスト

1 ――せんの かん字の よみがなを かきましょう。

（　　　　　）
① 十円の おし。

（　　　　　）
② 三月十日

（　　　　　）
③ 百点を とる。

（　　　　　）
④ 十円さつ

（　　　　　）
⑤ 三百まい

（　　　　　）
⑥ 千まい紙

2 □に あてはまる かん字を かきましょう。

① ひゃく
□ の め。

② じゅう　に
□□ 夜

③ ひゃく　えん　だま
□ 田 玉

④ せん　にん
□ 人 あつまる。

かずを あらわす かん字、おぼえられたかな。

こたえ ▶ 75ページ

5 上・下・左・右

なぞって
おぼえよう

上

おん ジョウ（ショウ）
くん うえ・うわ・かみ・あ（げる）・あ（がる）・のぼ（る）・のぼ（せる）・のぼ（す）

3かく 一 ト 上

下

おん ゲカ
くん した・しも・もと・さ（げる）・さ（がる）・くだ（る）・くだ（す）・くだ（さる）・おろ（す）・お（りる）・（もと）

3かく 一 T 下

左

おん サ
くん ひだり

5かく 一 ナ 左 左 左

右

おん ユウ
くん みぎ

5かく ノ ナ 右 右 右

上（うえ）に あがる。

下（した）に さがる。

上下（じょうげ）に うごく。

右（みぎ）に まがる。（＝右（う）せつ）

左（ひだり）に まがる。（＝左（さ）せつ）

「右」と「左」は、かきじゅんが ちがうんじゃ。

5 まとめ テスト

1 ——せんの かん字の よみがなを かきましょう。

① 花火（はなび）が 上がる。　（　　　）

② 山（やま）の ちょう上。　（　　　）

③ ねつが 下がる。　（　　　）

④ 左に まがる。　（　　　）

⑤ 右せつする　（　　　）

⑥ 左右を 見（み）る。　（　　　）

2 □に あてはまる かん字を かきましょう。

① みぎ て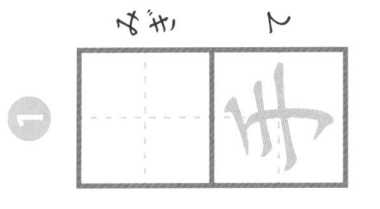

② ひだり がわ

③ 地（ち）か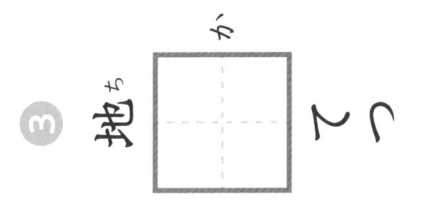

④ じょう げ に うごく。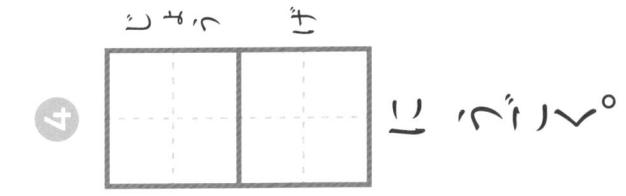

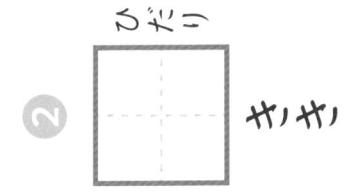

「上」と「下」,「右」と「左」について おぼえちゃおうね。

こたえ ▶ 75ページ

6 ふくしゅうテスト①

1 ——せんの　かん字の　よみがなを　かきましょう。

① （　　　　　） 百点を　とる。

② （　　　　　） 四ひきの　おさて。

③ （　　　　　） 千羽づる

④ （　　　　　） 五ひきの　本。

⑤ （　　　　　） 六日前

⑥ （　　　　　） 九回の　おもて。

2 ——せんの　かん字の　よみがなを　かきましょう。

①
（　　　　　） 七月
（　　　　　） 七日
（　　　　　） 七つ

②
（　　　　　） 十円
（　　　　　） 十日
（　　　　　） 十回

14

3 □に あてはまる すう字の かん字を かきましょう。

① いち がつ みっ か

② ごご はち 時じ

③ こたえの に かい。

④ さん 台だい の バス。

⑤ じゅう まいの はがき。

⑥ ひゃく この はい。

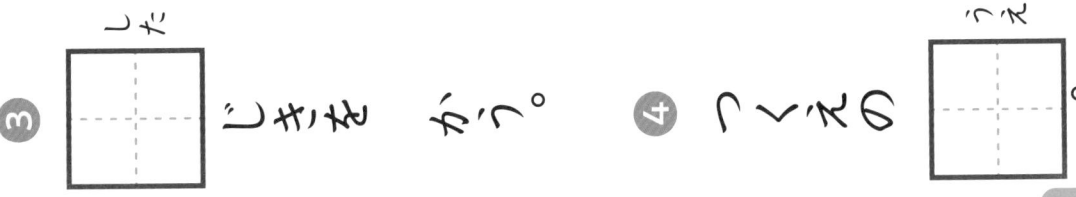

4 □に あてはまる かん字を かきましょう。

① みぎ 手て で もつ。

② ひだり 足あし で ける。

③ した じきを かう。

④ つくえの うえ。

こたえ ▶ 76ページ

人・出

なぞって おぼえよう

人
- おん：ニン・ジン
- くん：ひと・いる・いれる
- 2かく　ノ人

出
- おん：シュツ（スイ）
- くん：でる・だす
- 5かく　一十十出出

「入る」と「出る」は、いみが はんたいの ことばだね。

7 まとめ テスト

1 ——せんの かん字の よみがなを かきましょう。

① ゆうえんちに 入る。 　（　　　　　）
② 入り口が ある。 　（　　　　　）

③ 入場する 　（　　　　　）
④ 出ぱつする 　（　　　　　）

⑤ 出口で まつ。 　（　　　　　）
⑥ ゆうえんちを 出る。

2 □に あてはまる かん字を かきましょう。

① にゅう がく 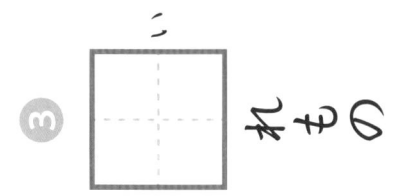 しき

② しゅつ じょう に 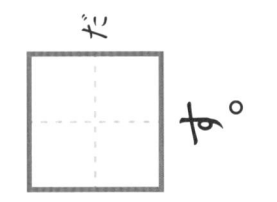 場する。

③ い 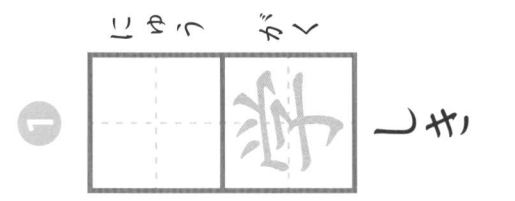 れもの

④ こたえを 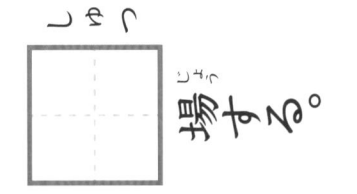 だ す。

 もうすこし で がんばってね！

8 立・休・見

なぞって おぼえよう

おん リツ（リュウ）
くん た（つ） た（てる）

5かく 一　ナ　亠　立

おん キュウ
くん やす（む） やす（まる） やす（める）

6かく 丶　亻　仁　什　休

はねる
おん ケン
くん み（る） み（える） み（せる）

7かく 一　П　 Π　目　目　目　見

「立つ」「休む」「見る」は、こうごを あらわす ことばだね。

17

8 あわせ テスト

1 ——せんの かん字の よみがなを かきましょう。

① 見学(が く)する　　（　　　　　）

② パンダを 見る。　　（　　　　　）

③ 休けいする　　（　　　　　）

④ 一休みする　　（　　　　　）

⑤ 市立(し りつ)の 小学校(しょう がっこう)。　　（　　　　　）

⑥ 立ち上がる(た　あ)　　（　　　　　）

2 □に あてはまる かん字を かきましょう。

① き[りつ]を する。

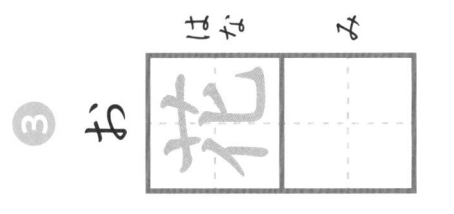

② 夏(なつ)[やす]み

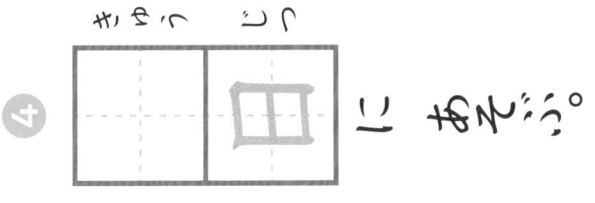

③ お花(はな)[み]

④ [きゅう][じつ]に あそぶ。

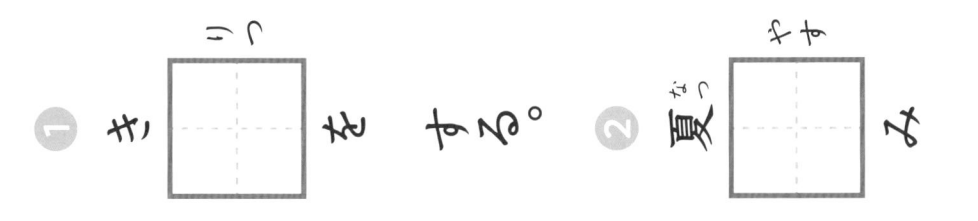

きょうも がんばったね。たのしく 一日を すごしてね・。

子・女・男

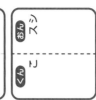

子 はねる
おん　ス
くん　こ

3かく　一 了 子

女 すこしだす／はらう
おん　ジョ（ニョ）（ニョウ）
くん　おんな（め）

3かく　く 女 女

男
おん　ダン　ナン
くん　おとこ

7かく　一 口 日 田 田 男 男

 **9** あわせ テスト

せいかい ／10
もん／もん

1 ——せんの かん字の よみがなを かきましょう。

（　　　　　）　　　　　　（　　　　　）
① 子どもと おとな。　② ちょう子が よい。

（　　　　　）　　　　　　（　　　　　）
③ 男の 人の こ。　　　④ 男子が あつまる。

（　　　　　）　　　　　　（　　　　　）
⑤ 女の 人の ふく。　　⑥ 女子サッカー

2 □に あてはまる かん字を かきましょう。

① おとこ　こ
　□ の □

② おんな　こ
　□ の □

③ だん　じょ
　□ □ で つくだう。

④ おう　じ
　王 □ です

 いろいろな よみかたが あって おもしろいね。

こたえ▶
76ページ

人・王・天

なぞって おぼえよう

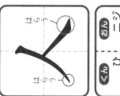

おん ジン
くん ひと
はらう

2かく 人

おん オウ
くん ―
いちばん ながく

4かく 一 T 干 王

おん テン
くん あま（あめ）
したより ながく

4かく 一 二 チ 天

あわの テスト

1 ――せんの かん字の よみがなを かきましょう。

（　　　　　） ① 人気の ゲーム。

（　　　　　） ② 人通りが おおい。

（　　　　　） ③ 王さまに あう。

（　　　　　） ④ 王かんを かぶる。

（　　　　　） ⑤ 天気が よい。

（　　　　　） ⑥ 天の川が 見える。

2 □に あてはまる かん字を かきましょう。

① 外国□ □

② □ 国を つくる。

③ ピアノの □ □ オ。

④ □ □ 形。

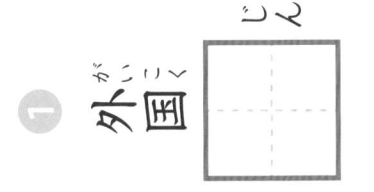
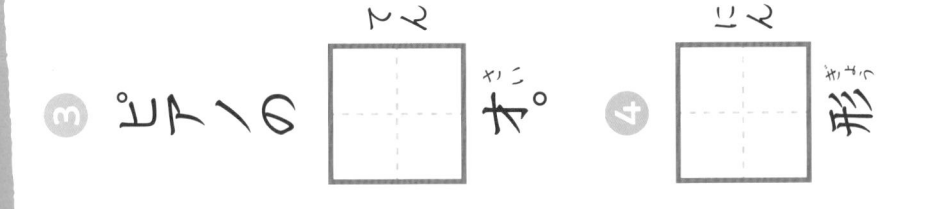

「天」の 三画目は つきぬけないよ。

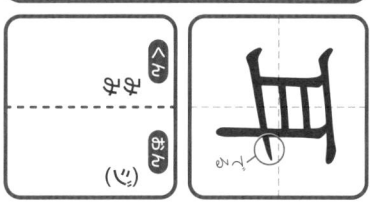

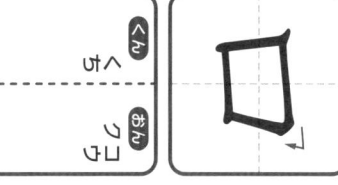

11

耳・目・口

ながめて おぼえよう

かん字の ぶぶんを あらわす かんじだよ。

6かく
一 T F E 耳
耳
くん みみ
おん （ジ）

5かく
一 门 月 目 目
目
くん め
おん （ボク）モク

3かく
丨 冂 口
口
くん くち
おん コウ

口角を 上げる。

耳を すます。

目を とじる。

口に くわえる。

目を こする。

1 ──せんの かん字の よみがなを かきましょう。

(_____)

① 口びえを つく。

(_____)

② 人口が ふえる。

(_____)

③ 目を とじる。

(_____)

④ ちゅう目する

(_____)

⑤ 耳を すます。

(_____)

⑥ 耳だぶ

2 □に あてはまる かん字を かきましょう。

① ［くち］ を あける。

② ［みみ］ 元て はなす。

③ ［め］［だま］王やき

④ ［て］［くち］ を さがす。

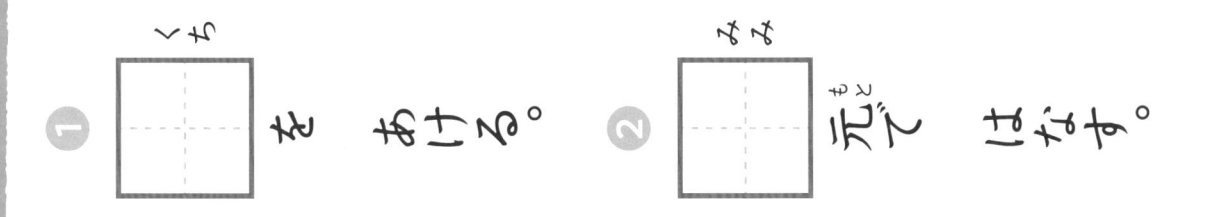

「目」と「耳」は、かいせんの かずに 気を つけて かこうね。

こ 12 手・足・力

ことばで おぼえよう

手

おん シュ
くん て・た(て)

④ かく　一 二 三 手

足

おん ソク
くん あし・た(す)・た(りる)・た(る)

⑦ かく　一 口 口 甲 甲 早 足

力

おん リキ・リョク
くん ちから

② かく　フ 力

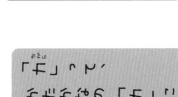
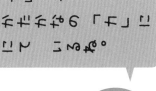

「力」って、かたかなの「カ」に にて いるね。

12 ちからの テスト

1 ──せんの　かん字の　よみがなを　かきましょう。

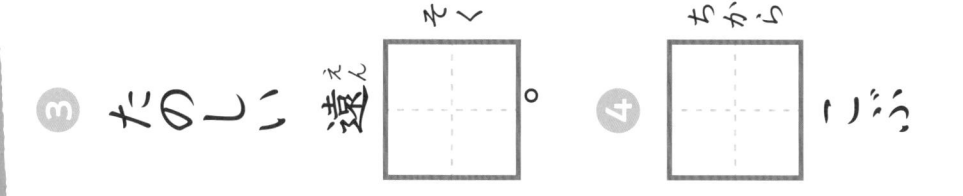

（　　　）
① 手足を　うごかす。

（　　　）
② はく手を　する。

（　　　）
③ 三足の　くつ下。

（　　　）
④ ぜん力で　はしる。

（　　　）
⑤ 力を　あわせる。

（　　　）
⑥ 力作が　できあがる。

2 □に　あてはまる　かん字を　かきましょう。

① あく［しゅ］を　する。

② ［て］ちょう

③ たのしい　遠［そく］。

④ ［ちから］こぶ

「手」の さいごは、すうじの ふくらませて 左に はねてね。

1 ——せんの かん字の よみがなを かきましょう。

（　　　　　）
① 休けいする

（　　　　　）
② テレビを 見る。

（　　　　　）
③ 出ぱつする

（　　　　）（　　　　）
④ きょうしつに 入る。

（　　　　　）
⑤ かんばんを 立てる。

（　　　　）（　　　　）
⑥ 入口と 出口。

2 ——せんの かん字の よみがなを かきましょう。

①
（　　　　　）
　力が つよい。

（　　　　　）
　体力を つける。

（　　　　　）
　力作が そろう。

②
（　　　　　）
　人が とおる。

（　　　　　）
　人気が ある。

（　　　　　）
　外国人

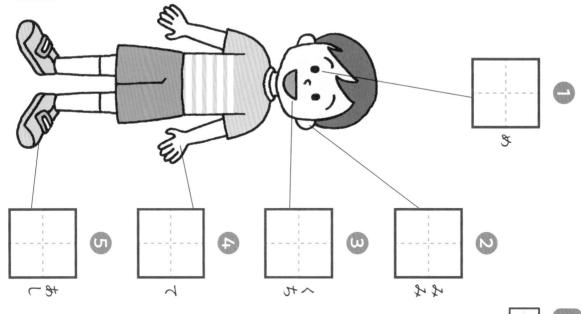

① め
② みみ
③ くち
④ て
⑤ あし

4 □に からだの かん字を かきましょう。

⑤ 親や □ に

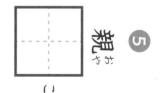

⑥ □ □
てん き

③ □ の □
おな に

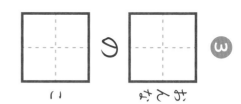

④ □ □
にん げん 間

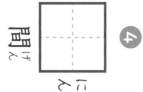

① □ メ文
おう

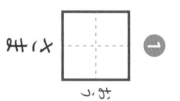

② □ の □
おとこ に

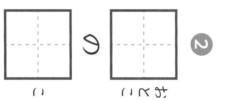

3 □に あてはまる かん字を かきましょう。

日
おん　ニチ　ジツ
くん
4 かく　一 冂 日 日

月
おん　ガツ　ゲツ
くん　つき
4 かく　ノ 刀 月 月

火
おん　カ
くん　ひ（ほ）
4 かく　丶 丷 少 火

八月十五日火よつ日

休日に かぞくと

花火を しました。

たのしかったです。

まん月も きれいだった。

花火にも いろいろな
しゅるいが あるよね。

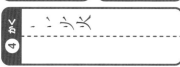
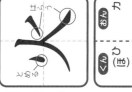

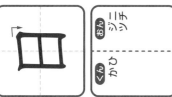

まとめ　テスト

1 ——せんの　かん字の　よみがなを　かきましょう。

（　　　　　） 　　　　　　　　（　　　　　）

① 日曜日　　　　　　　　　② 火を　けす。

（　　　　　） 　　　　　　　　（　　　　　）

③ お月見を　する。　　　　④ まん月を　見る。

（　　　　　） 　　　　　　　　（　　　　　）

⑤ 火じが　おきる。　　　　⑥ 休日に　出かける。

2 □に　あてはまる　かん字を　かきましょう。

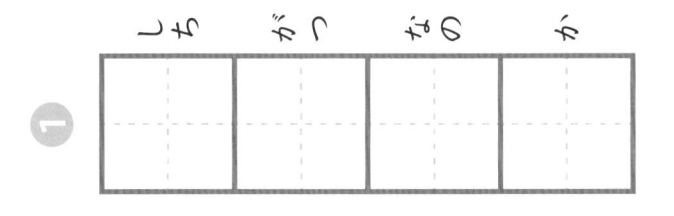
①

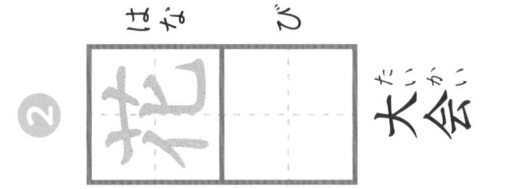
②

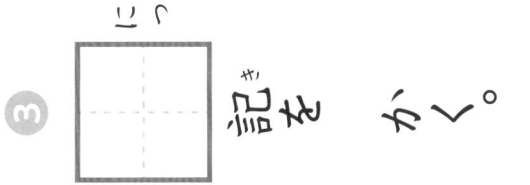
③

こたえ ▶ 77ページ

「火」は、てんを 三つ 先に かくよ。

水・木・金

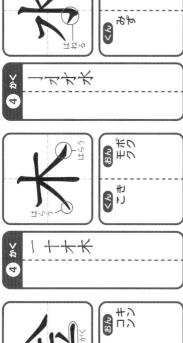

水　スイ
　　みず

④かく　１　フ　オ　水

木　おん　モク　ボク
　　くん　き　こ

④かく　一　十　オ　木

金　おん　キン　コン
　　くん　かね　かな

⑧かく　ノ　人　人　ム　今　全　余　金

15 まとめ テスト

1 ──せんの かん字の よみがなを かきましょう。

① （　　　　）
水を のむ。

② （　　　　）
水ぞくかん

③ （　　　　）
木の かげで 休_{やす}む。

④ （　　　　）
大_{だい}木を たおす。

⑤ （　　　　）
お金を おとす。

⑥ （　　　　）
金色_{いろ}の さかな。

2 □に あてはまる かん字を かきましょう。

① _{すこ}[　] え
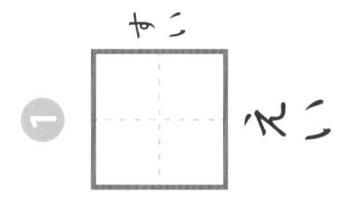

② _{みず}[　] だまり
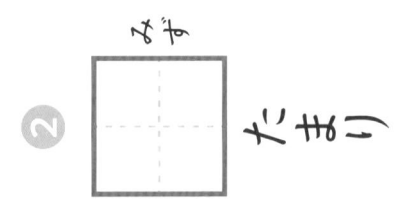

③ つみ [　]_き
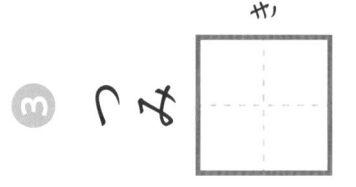

④ ちょ [　]_{せん} する
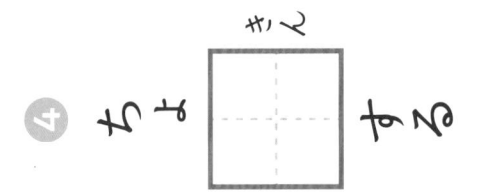

「水」は、だて ぼうから かきはじめるよ。

こたえ ▶ 77ページ

土・町・村

なかまにいれて おぼえよう

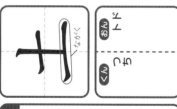

土
ぶかく
おん ド・ト
くん つち

3かく 一 十 土

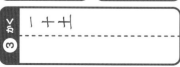

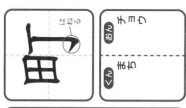

町
はねる
おん チョウ
くん まち

7かく 一 丁 亓 田 田 町 町

村
はねる
おん ソン
くん むら

7かく 一 十 オ 木 村 村

町や 村は、人が くらして いる ところだね。

16 まとめの テスト

1 ——せんの かん字の よみがなを かきましょう。

(　　　　)
① 土を たがす。

(　　　　)
② 土手で あそぶ。

(　　　　)
③ 町へ いく。

(　　　　)
④ 町長に あう。

(　　　　)
⑤ 村で くらす。

(　　　　)
⑥ 山村に すむ。

2 □に あてはまる かん字を かきましょう。

① ねん［こ］あそび

② ［ち］を ほる。

③ となりの ［まち］。

④ ［むら］まつり。

「村」の 十二ばんめの てんを わすれないでね。

こたえ▶77ページ

なまえを おぼえよう

白

おん　ハク（ビャク）
くん　しろ・しら・しろい

5かく　′ ′ ′ 白白

赤

おん　セキ（シャク）
くん　あか・あかい・あからむ・あからめる

7かく　一 + 土 チ 方 赤赤

青

おん　セイ（ショウ）
くん　あお・あおい

8かく　一 + 土 主 青青青青

いろの かんじを よめるかな。

「白・赤・青」の かん字も 「一」「三」と あるね。

17 あか の テスト

せいかい
10もん／もん

2 □に あてはまる かん字を かきましょう。

③
ちゅうの
せ□き道。

④
ちゅうの
し□んこう。

①
つ□しろ
いき。

②
と□かとば

1 ─せんの かん字の よみがなを かきましょう。

⑤
青い（　　）
空ら。

③
赤い花（　　）。

①
白い（　　）
とり。

⑥
りんな（　　）
青年。

④
赤はんを（　　）
たべる。

②
白鳥が（　　）
はばたく。

2 ——せんのかん字のよみがなをかきましょう。

①
日当たりがよ（　）い。
休日の（　）。
日記を（　）。

②
木かげで（　）やすむ。
つみ木で（　）。
大木の下（　）。

1 ——せんのかん字のよみがなをかきましょう。

⑤ ひろい（　）土地。
③ 村長に（　）あつ。
① 白い（　）へ。

⑥ 赤ちゃんが（　）へな。
④ 割して（　）水えのせん。
② 青い（　）水えの（　）。

3 ☐に あてはまる かん字を かきましょう。

① は／く
☐ 鳥が とぶ。

② お／か
☐ に のぼる。

③ となりの ☐ まち 。

④ りっぱな ☐ せ／い ☐ ね／ん 年 。

⑤ お ☐ か／ね を ひろう。

⑥ ☐ む／ら まつり

4 ☐に 曜日の かん字を かきましょう。

① に／ち
☐ 曜日

② け／つ
☐ 曜日

③ か
☐ 曜日

④ す／い
☐ 曜日

⑤ も／く
☐ 曜日

⑥ き／ん
☐ 曜日

⑦ ど
☐ 曜日

こたえ ▶ 77ページ

なぞって おぼえよう

おん タイ・ダイ
くん おお（きい）・おお・おおい（に）

3かく 一ナ大

おん チュウ・ジュウ
くん なか

4かく 1口中

おん ショウ
くん ちい（さい）・お・こ

3かく

大きさを
くらべると
きに つかう
かんじだね。

大・中・小の おにぎり。

大きに ほしい。

中ゆびに のっこって 小ゆびが ……

大きに ほしい。

小きに ほしい。

19

まとめ テスト

1 ——せんの　かん字の　よみがなを　かきましょう。

（　　　　）（　　　　）（　　　　）

① 大・中・小の　おにぎり。

（　　　　　）　　　　　　（　　　　　）

② 大きい　かばん。　　　③ 小さい　いぬ。

（いちにちじゅう　　　）　　（　　　　　）

④ 一日中　　　　　　　⑤ 手の　中ゆび。

2 □に　あてはまる　かん字を　かきましょう。

① マラソン 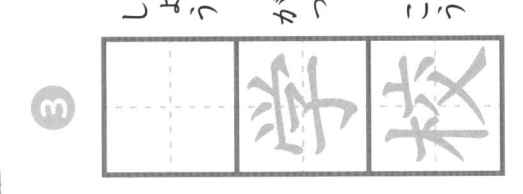 会（かい）

たいかい

②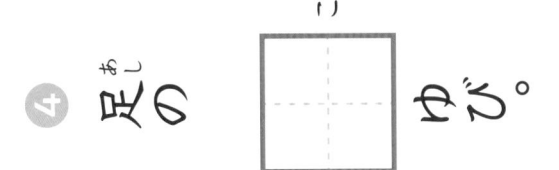
ちゅう　がっ　こう

しょう　がっ　こう

③ ［　　　］学校

こ

④ 足（あし）の ［　　　］ゆび。

「大・中・小」には、いろいろな　よみかたが　あって、大切・中心など　大きな　じから　つかうよ。

20 夕・車・音

夕
おん（セキ）
くん ゆう
3 かく ノ 夕 夕

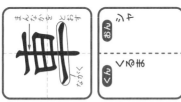

車
おん シャ
くん くるま
7 かく 一 ー に 戸 亘 亘 車

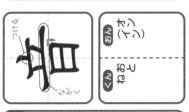

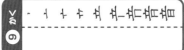

音
おん オン（イン）
くん おと・ね
9 かく 一 丷 十 立 立 音 音 音

「夕日」の「夕」は、ゆうがたの「タ」に にて いるね。

20 まとめ テスト

1 ――せんの かん字の よみがなを かきましょう。

(　　　　)　　(　　　　)

① きれいな 夕日。　② 車が はしる。

(　　　　)　　(　　　　)

③ 自てん車に のる。　④ 夕はんを たべる。

(　　　　)　　(　　　　)

⑤ 音楽を きく。　⑥ エンジンの 音。

2 □に あてはまる かん字を かきましょう。

① ゆう
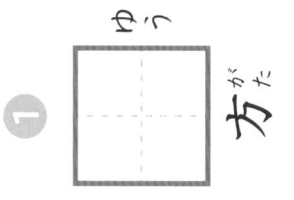
方が

② くるま
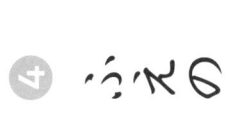
にす

③ あし　おと
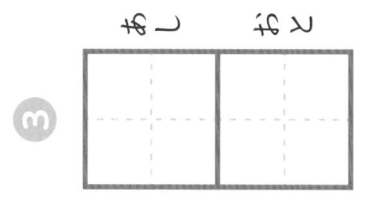

④ ふえの
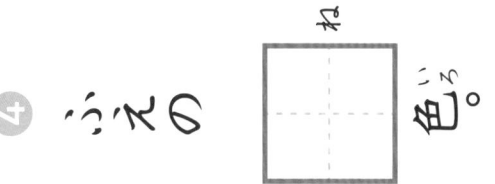
色。

こたえ▶77ページ

「音」は、「立」と「日」に わけられるね。

「早」の「ソウ」は「サッ」とよむことも あるよ。

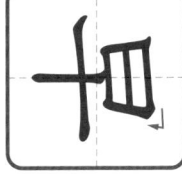

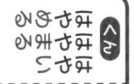

6かく
一 ⟶ 日 ⟶ 早

早
くん はやい／はやまる／はやめる
おん ソウ（サッ）

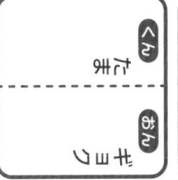
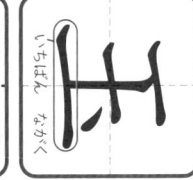
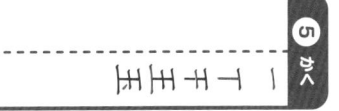

5かく
一 ⟶ 王 ⟶ 玉

玉
くん たま
おん ギョク
いちばん ながく

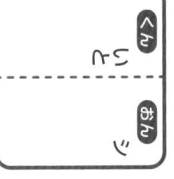

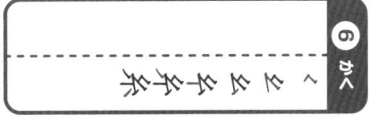

6かく
糸

糸
くん いと
おん シ
はらう

ながめて おぼえよう

糸・玉・早

21

21 まとめ テスト

1 ──せんの かん字の よみがなを かきましょう。

① (　　　　)　早口ことば

② (　　　　)　毛糸の ぬいぐるみ。

③ (　　　　)　水玉の シャツ。

④ (　　　　)　お年玉

⑤ (　　　　)　早おきを する。

⑥ (　　　　)　糸くずを とる。

2 □に あてはまる かん字を かきましょう。

① [すい]□ でんち

② [たま][い]□□れ

③ せい□ いっぱい

④ [はや][あし]□□で あるく。

こたえ ▶ 77ページ

「せいてんはくじつ」は、罪や うたがいが ないことだよ。

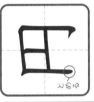

なぞって おぼえよう

正
- おん　セイ　ショウ
- くん　ただ(しい)　ただ(す)　まさ
- 5かく　一 丁 下 正 正

円
- おん　エン
- くん　まる(い)　まど
- 4かく　丨 冂 円 円

「円」は お金を かぞえる ときに つかうよ。「まる(い)」とも よむよ。

お正月

正しく かく。

お年玉で 千円 もらう。

赤くて 円い ミニトマト。

22 おわりの テスト

1　——せんの　かん字の　よみがなを　かきましょう。

（　　　　　　　）　　　　　　（　　　　　　　）

①　お正月　　　　　　　②　千円さつ

（　　　　　　　）　　　　　　（　　　　　　　）

③　円形の　シール。　　④　しせいを　正す。

（　　　　　　　）　　　　　　（　　　　　　　）

⑤　円い　さら。　　　　⑥　正かくに　かく。

2　□に　あてはまる　かん字を　かきましょう。

①　いち　えん　だま
　□□□

②　まる
　□い　わっか。

③　しょう
　□直に　いう。

④　ただ
　□しい　こたえ。

　おなじ　かん字でも　いろいろな　よみかたが
あるね。

こたえ▶
78ページ

1 ——せんの かん字の よみがなを かきましょう。

① 玉入れを する。　（　　　）

② 夕方けの 空。　（　　　）

③ 電車に のる。　（　　　）

④ 早口で しゃべる。　（　　　）

⑤ 五十円ぐらい　（　　　）

⑥ せい紙いっこす　（　　　）

2 ——せんの かん字の よみがなを かきましょう。

①
　（　　　）　音楽を きく。
　（　　　）　足音を たてる。
　ピアノの 音色（　　　）。

②
　（　　　）　正かくな とけい。
　（　　　）　お正月
　まちがいを 正（　　　）す。

3 □に あてはまる かん字を かきましょう。

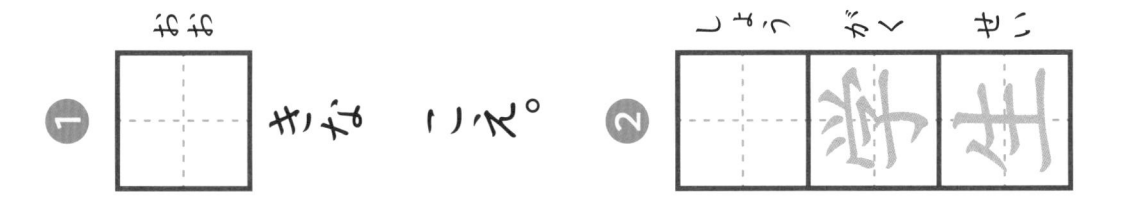

① おお
[　]きな こえ。

② しょう がく せい
[　]学生

③ こえの な か
[　]。

④ だい
[　]すきな 本。

⑤ ちい
[　]さい 花。

⑥ ちゅう がく せい
[　]学生

4 ——せんの ことばを、かん字と ひらがなで かきましょう。

① まるい こえ。 （　　　　　　　）

② 出ぱつ が はやまる。 （　　　　　　　）

③ ただしい こたえ。 （　　　　　　　）

竹・花・草

竹　はねる
おん チク
くん たけ

⑥かく　ノ ⟶ 竹 竹 竹

花　はねる
おん カ
くん はな

⑦かく　一 十 サ オ 艻 花 花

草　つきでる
おん ソウ
くん くさ

⑨かく　一 十 サ ナ 並 苩 苩 草 草

くさばなを しっかり
おぼえよう。
ことばも いっしょに
おぼえよう。

24

まとめ テスト

せいかい　/10もん/もん
50

---

1 ――せんの かん字の よみがなを かきましょう。

(　　　　)
① 竹とんぼ

(　　　　)
② 竹林の 中。

(　　　　)
③ 花が さく。

(　　　　)
④ 花びんを かう。

(　　　　)
⑤ ざっ草を ぬく。

(　　　　)
⑥ 草の 上に すわる。

2 □に あてはまる かん字を かきましょう。

① _{たけ} □ やぶ

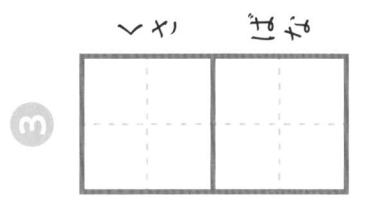

② _{はな} □ たばを もらう。

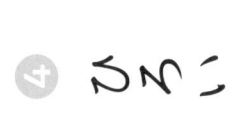

③ _{くさ} _{はな} □□

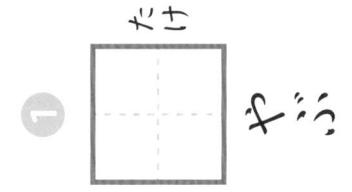

④ ひろい □_{そう} 原_{げん}。

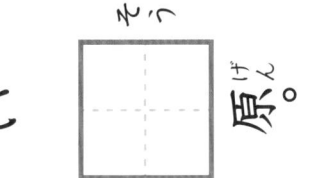

まいにち かんばって いて えらいね。
その ちょうしー！

こたえ ▶ 78ページ

なかまごとに おぼえよう

犬　おん ケン　くん いぬ　はらう
4かく　ー ナ大犬

虫　おん チュウ　くん むし
6かく　丨口口中虫虫

貝　おん ―　くん かい　とめ・はらう
7かく　丨口目目目貝貝

「大」に「、」をつけると、「犬」になるね。

25 あわせ テスト

1 ――せんの かん字の よみがなを かきましょう。

　　（　　　　　　）　　　　　　（　　　　　　）

① 犬小やを　たてる。　　② 虫めがねで　見る。

　　（　　　　　　）　　　　　　（　　　　　　）

③ 貝がらの　ネックレス。　④ 番犬を　かう。

　　（　　　　　　）　　　　　　（　　　　　　）

⑤ こん虫を　さがす。　　⑥ まき貝を　あつめる。

2 □に あてはまる かん字を かきましょう。

　　こ　　いぬ
① □□

　　しろ　　　　　かい
② 白い □がら。

　　　　　　むし
③ なき □

　　　　　　けん
④ もうどう□

 「目」と「く」で、「見」に　なるね。

なぞって おぼえよう

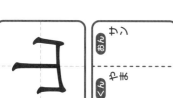

おん サン
くん やま

3かく 一 山 山

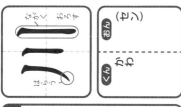

おん (セン)
くん かわ

3かく ノ 川 川

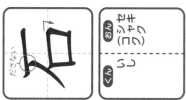

おん セキ シャク (コク)
くん いし

5かく 一 ナ 丆 石 石

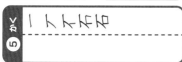

もののかたちが
そのまま かん字に
なったものみたいだね。

やまが見える。

下だって 川を下る。

えっ！ ほう石？！

石がいっぱいいる。

山ちょう

26 あわの テスト

1 ——せんの かん字の よみがなを かきましょう。

① 山が 見える。（　　　　）

② 川を 下る。（　　　　）

③ たくさんの 石。（　　　　）

④ 山ちょうに のぼる。（　　　　）

⑤ 大きな 川。（　　　　）

⑥ かがく ほう石。（　　　　）

2 □に あてはまる かん字を かきましょう。

①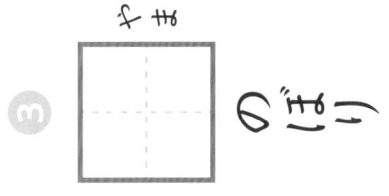

② 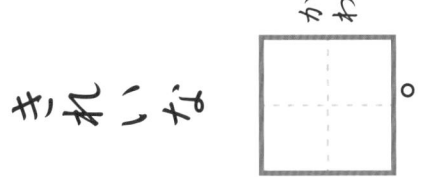 を ひろう。

③ 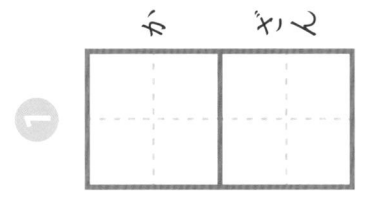 の ぼり

④ きれいな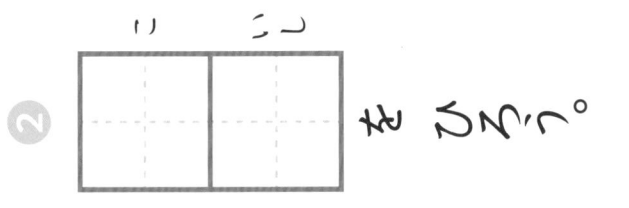

「石」は、「right」と にて いるから 気を つけてね。

こたえ▶78ページ

なかまの かん字を おぼえよう

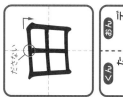

おん	テン
くん	た

5かく 丨 ｎ 门 田 田

おん	リン
くん	はやし

8かく 一 十 オ 木 村 村 村 林

おん	シン
くん	もり

12かく 一 十 オ 木 村 村 村 森 森 森 森 森

「木」が
一本で「林」
三本で「森」だね。

27 あての テスト

1 ──せんの かん字の よみがなを かきましょう。

① 田うえを する。
（　　　　　）

② そうき林
（　　　　　）

③ 森の 中。
（　　　　　）

④ 水田に 入る。
（　　　　　）

⑤ 森林を あるく。
（　　　　　）

⑥ まつ林
（　　　　　）

2 □に あてはまる かん字を かきましょう。

① しん りん
□□ よく

② た
□ んぼ

③ もり
□ の どうぶつ。

④ ゆ でん
□ を ほる。

「ゆでん」は、石ゆの 出る といこだよ。

空
- おん　クウ
- くん　から・あく・そら・あける
- 8かく　丶丶宀宀灾空空空

気
- おん　キ・ケ
- くん　—
- 6かく　丿一气気気

雨
- おん　ウ
- くん　あめ・あま
- 8かく　一丨冂冂币币雨雨

こあめの 日は、かたつむりがうれしいね。

28 まとめ テスト

1 ──せんの かん字の よみがなを かきましょう。

① 雨が ふる。　（　　　　）

② 空を 見上げる。　（　　　　）

③ つめたい 空気。　（　　　　）

④ ゆ気が 上る。　（　　　　）

⑤ 雨天の 日。　（　　　　）

⑥ 空きかんを ひろう。　（　　　　）

2 □に あてはまる かん字を かきましょう。

① そら　□の ほし。

② ゆう□き を 出す。

③ 元□げん　が いい。

④ くろい　あま□ま ぐも。

天気に かんする かん字を おぼえたね。

こたえ▶78ページ

せいかい /23 もん　もん

1　——せんの　かん字の　よみがなを　かきましょう。

① 雨天が　つづく。　（　　　）

② 番犬（ばん）と　さんぽする。　（　　　）

③ 毛虫（け）が　いる。　（　　　）

④ 森林公園（しんりんこうえん）　（　　　）

⑤ ひろい　草原（げん）。　（　　　）

⑥ まき貝を　ひろう。　（　　　）

2　——せんの　かん字の　よみがなを　かきましょう。

①
小（ち）さな　石。　（　　　）
石ゆ　ストーブ　（　　　）
じ石　（　　　）

②
空気を　すう。　（　　　）
大空　（　　　）
空き地（ち）　（　　　）
空づり　（　　　）

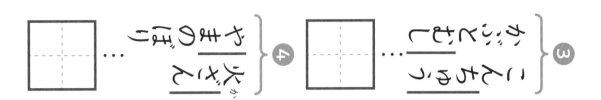

③ … かんじ／せしょう

① … いちばん／たしき

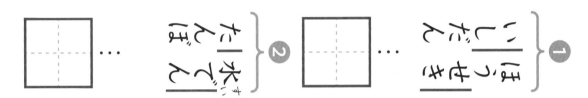

④ … やの本／まのほい

② … た水で／たほん

4 ──せんの かんじの よみがなを ひらがなで かきましょう。

⑥ にわの「はな／べや。」

⑤ とんぼ「たけ」

④ 大きな「かわ。」

③ の「ねい」

② ゆうき「を」出す。

① ぼうし「きっぷ」

3 □に あてはまる かんじを かきましょう。

60

30

年・学・校

年
なかく
とめる

おん　ネン
くん　とし

⑥かく　ノ　仁　仁　仨　年　年

学
はねる

おん　ガク
くん　まなぶ

⑧かく　丶　丷　丷　卧　学　学　学　学

校

おん　コウ
くん　─

⑩かく　一　十　オ　木　术　朾　村　栌　校　校

---

30 まとめの テスト

1 ——せんの かん字の よみがなを かきましょう。

① (　　　　)
一年生

② (　　　　)
年上の 人。

③ (　　　　)
学校へ いく。

④ (　　　　)
みんなで 学ぶ。

⑤ (　　　　)
学年が 上がる。

⑥ (　　　　)
校ていで あそぶ。

2 □に あてはまる かん字を かきましょう。

① しょう｜がく｜せい（生）

② 新｜ねん の あいさつ。

③ まな（び）に いく。

④ しょう｜がっ｜こう

だんだん かん字を おぼえたね。

こたえ ▶ 79ページ

文・先・生

文
- はらう
- おん　ブン　モン〈モ〉
- くん　（ふみ）
- 4かく　丶 一 ナ 文

先
- はねる
- おん　セン
- くん　さき
- 6かく　丶 一 サ 生 先

生
- はねる　ながく
- みじかく
- おん　セイ　ショウ
- くん　いきる・いかす・いける・うむ・うまれる・おう・はえる・はやす・なま（き）・（お）
- 5かく　丶 一 サ 牛 生

「生」は よみかたが たくさん あるね。

 **31** あわの テスト

1 ──せんの かん字の よみがなを かきましょう。

(＿＿＿)
① 先生の おはなし。

(＿＿＿)
② 先に 手を あげる。

(＿＿＿)
③ 生きものを かう。

(＿＿＿)
④ 作文を よむ。

(＿＿＿)
⑤ 文字を かく。

(＿＿＿)
⑥ 生やさいを たべる。

2 □に あてはまる かん字を かきましょう。

① ちゅう 〔もん〕□ する

② 行き 〔さき〕□ を きめる。

③ うみの 〔　〕□ きもの。

④ たん 〔じょう び〕□□

 あと すこしで おわりだよー！

32 本・名・字

本
- おん ホン
- くん もと

5かく 一 十 才 木 本

名
- おん メイ・ミョウ
- くん な

6かく ノ ク タ 夕 名 名

字
- おん ジ
- くん (あざ)

6かく ` ' 宀 宀 宁 字

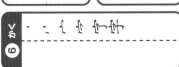

「本」は、「木」に にているけど、かんじが ちがうよ。

32 あわりの テスト

1 ──せんの　かん字の　よみがなを　かきましょう。

① （　　　　　）本を　えらぶ。

② （　　　　　）むずかしい　かん字。

③ （　　　　　）ゆう名な　人。

④ （　　　　　）しゅう字を　ならう。

⑤ （　　　　　）六本の　木。

⑥ （　　　　　）（　　　　　）名字と、名前を　かく。

2 □に　あてはまる　かん字を　かきましょう。

① 数(すう)　[　じ　]　を　かく。　② ゲームの　[　めい　|　じん　]。

③ [　ほん　]　を　かう。　④ [　ほん　|　き　]　に　なる。

「かん字」の「字」と、「学校」の「学」は、にて　いるから　ちゅういだよ。

こたえ ▶ 79ページ

1 ──せんの かん字の よみがなを かきましょう。

① （　　　　　）
年下の 子。

② （　　　　　）
つま先で 立つ。

③ （　　　　　）
ちゅう文を する。

④ （　　　　　）
文字を かく。

⑤ （　　　　　）
絵本を よむ。

⑥ （　　　　　）
校ていで あそぶ。

2 ──せんの かん字の よみがなを かきましょう。

①
（　　　　　） 生活

（　　　　　） 一生

（　　　　　） 生きもの

（　　　　　） 生やさい

②
（　　　　　） 名前

（　　　　　） ゆう名

（　　　　　） 名字

3 ☐ に あてはまる かん字を かきましょう。

① ☐[ほん] を よむ。

② ☐☐[がっ・こう] に いく。

③ ☐[こう] 歌[か]を うたう。

④ 作[さく]☐[ぶん] を かく。

⑤ 来[らい]☐[ねん] の なつ。

⑥ ☐☐[せん・けつ] の でんきゅう。

4 ——せんの ことばを、かん字と ひらがなで かきましょう。

① 足[た]し算[ざん]を まなぶ。　（　　　　　　　　）

② 子[こ]犬[いぬ]が うまれる。　（　　　　　　　　）

③ 草[くさ]が はえる。　（　　　　　　　　）

こたえ ▶ 79ページ

虫　村　竹
百　名　糸
年　字　気

2 かくすうの おおい ほうの かん字は どれでしょう。○で かこみましょう。

⑤
　① （　）　し　七　七
　⑦ （　）　一　七　七

③
　① （　）　て）　九　九
　⑦ （　）　て）　九　九

①
　① （　）　丶丶　人　人
　⑦ （　）　丶丶　入　入

⑥
　① （　）　人　女　女
　⑦ （　）　一　女　女

④
　① （　）　丶　ト　上　上
　⑦ （　）　一　├　上　上

②
　① （　）　一　十　土　土
　⑦ （　）　一　十　土　土

1 かきじゅんの ただしい ほうに、○を つけましょう。

まとめテスト①

34

せいかい

20もん/もん

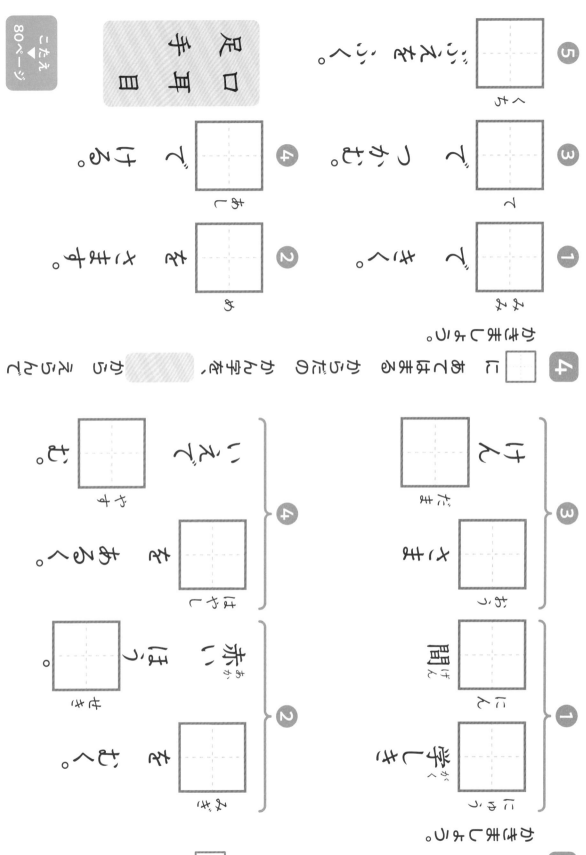

1 にて いる かんじに 気を つけて、□に かんじを かきましょう。

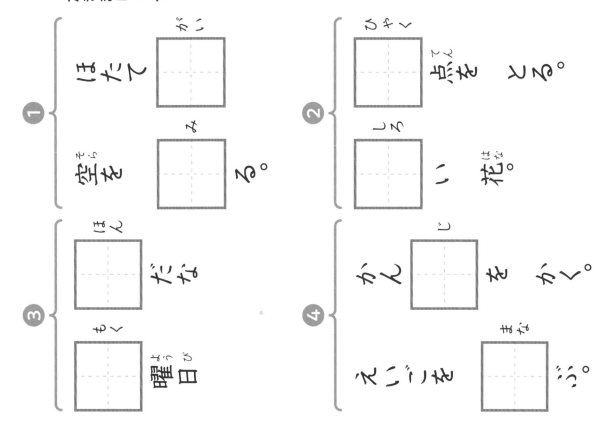

①
はたて　□（がい）
空（そら）を　□（み）る。

②
□（ひゃく）点（てん）を てる。
□（しろ）い 花（はな）。

③
□（ほん）だな
□（もく）曜日（ようび）

④
かん□（じ）を かく。
えいごを □（まな）ぶ。

2 赤（あか）い ぶぶんは、なんかい目（め）に かきますか。かんじの すうじで かきましょう。

① 右（　　　）　② 火（　　　）

③ 生（　　　）　④ 左（　　　）

⑤ 出（　　　）　⑥ 金（　　　）

3 □に おなじ よみかたの ちがう かん字を かきましょう。

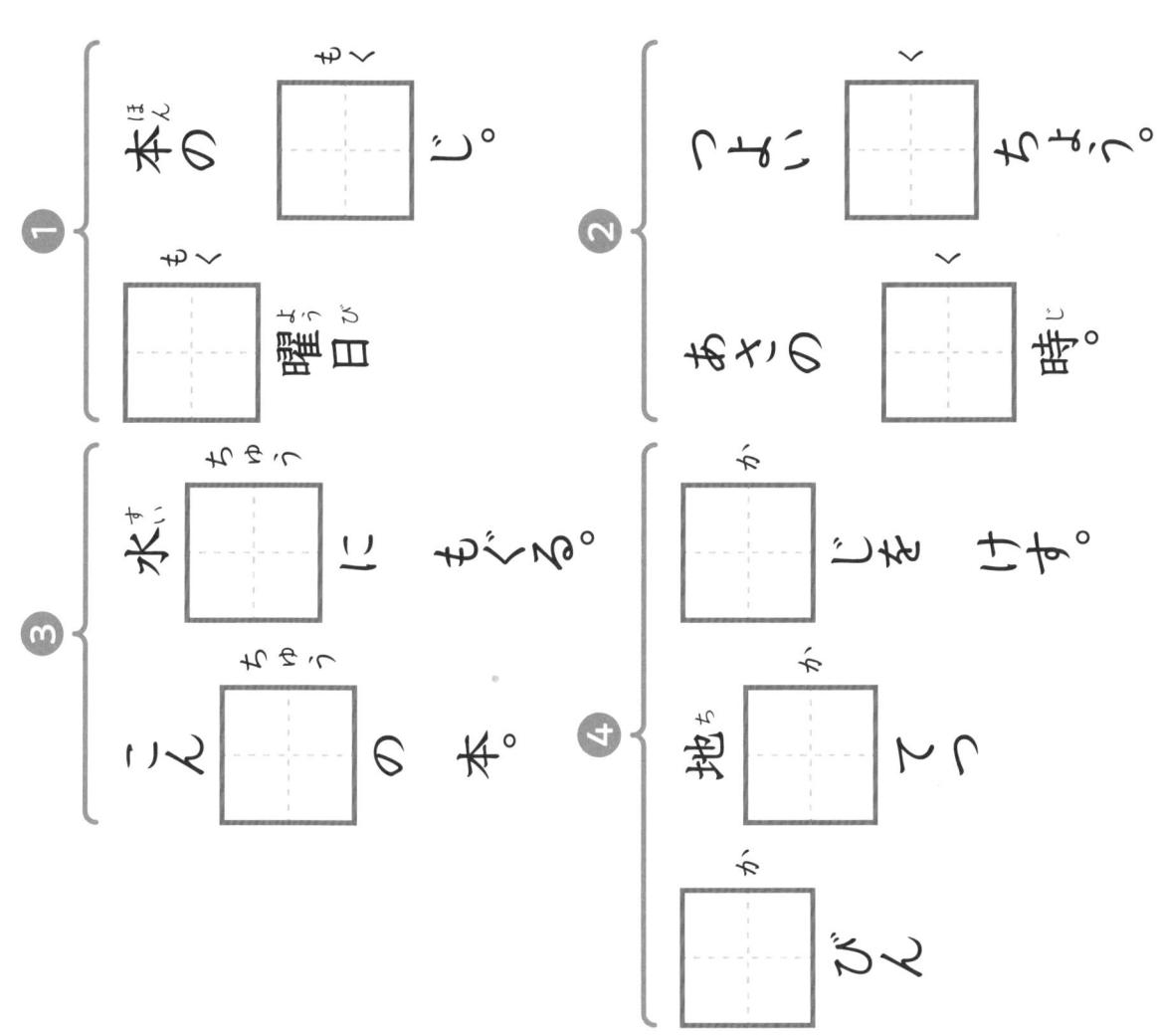

① 本の □じ。 ／ □曜日

② □ちょう。 ／ あきの □時。

③ 水□に もぐる。 ／ □の 本。

④ □じを けす。 ／ 地□と ／ □びん

4 ——せんの ことばと はんたいの いみの ことばを、▨▨▨から えらんで、かん字と ひらがなで かきましょう。

① せきに すわる。 ⟷ せきを（　　　　）。

② おそい じかん。 ⟷ （　　　　）じかん。

はやい　あがる　たつ

1 ――せんの かん字の よみがなを かきましょう。

① 月が 出る。（　　　　　）
手紙を 出す。（　　　　　）

② 自てん車に のる。（　　　　　）
車が とまる。（　　　　　）

③ 天文台（　　　　　）
文かの 日（　　　　　）
文字を かく。（　　　　　）

④ きれいな ほう石。（　　　　　）
じ石を つかう。（　　　　　）
小石を ひろう。（　　　　　）

2 日にちの かん字の よみがたを かきましょう。

① 六月六日（　　　　　）

② 五月七日（　　　　　）

③ 九月八日（　　　　　）

④ 三月十日（　　　　　）

3 ☐ に おなじ よみかたの ちがう かん字を かきましょう。

① もうどう☐[けん]

□[けん]い を きく。

② あま☐[あま] の川。

あま☐[あま] 水が たまる。

③ せん☐[せん] 円の 絵本。

せん☐[せん] 頭を はしる。

④ しょう☐[しょう] 学校が こう。

しょう☐[しょう] 月の あさ。

4 ░░░░░ の かん字を つかって、はんたいの いみの かん字を くみあわせた ことばを 四つ かきましょう。

(　　　　)　(　　　　)

(　　　　)　(　　　　)

下 大 左 小
男 上 右 女

こたえとアドバイス

おうちの方へ ▶まちがえた問題は、もう一度やり直しましょう。
▶アドバイスを読んで、学習に役立てましょう。

☀1 一・二・三 4ページ

1
① いち ② ふた ③ さん
④ ひと ⑤ に ⑥ みっ

2
① 三 ② 一口
③ 三日月 ④ 一年生

☀2 四・五・六 6ページ

1
① よん ② し ③ ご ④ いつ
⑤ むっ ⑥ ろく

2
① 四年生 ② 四月五日
③ 五円玉 ④ 六月六日

☆アドバイス
2 ①② 「四」の形に注意しましょう。囲みの中（三・四画目）をカタカナの「ハ」としないように。四画目は曲げて書きます。

☀3 七・八・九 8ページ

1
① なな（しち） ② しち
③ はち（はっ） ④ や ⑤ きゅう
⑥ ここの

2
① 八月九日 ② 七
③ 九月八日 ④ 七五三

☆アドバイス
1 ② 「七」の読みに気をつけましょう。読みがなは「ひち」と書かないように注意しましょう。
2 ①③ 「九」は筆順に注意します。「ノ」→「九」の順に書きます。

☀4 十・百・千 10ページ

1
① じゅう ② とお
③ ひゃく ④ せん
⑤ さんびゃく ⑥ ち

2
① 百 ② 十五 ③ 百円玉
④ 千人

☆アドバイス
1 ② 「十日」の読み方に注意しましょう。「十」は「とお」です。「とう」と書かないように気をつけましょう。
1 ③ 「百」の読みは「ヒャク」ですが、使い方によって **2** ① 「百（ひゃっ）」、**1** ⑤ 「三百（さんびゃく）」「六百（ろっぴゃく）」のように読み方が促音・濁音・半濁音に変わります。

☀5 上・下・左・右 12ページ

1
① あ ② じょう ③ さ
④ ひだり ⑤ う ⑥ さゆう

2
① 右手 ② 左 ③ 下 ④ 上下

☆アドバイス
1 「上・下」は読み方がたくさんあります。「上がる」「下りる」・「上る」「下りる」など、送り仮名によって読み分けます。使い方とともに覚えましょう。
「左・右」は筆順に注意しましょう。「左」の一画目は「一」、「右」の一画目は「ノ」です。

75

6 ふくしゅうテスト① 13〜14ページ

1 ①ひゃく ②よん ③せん ④ごう ⑤むい ⑥きゅう
2 ①しち・なの・なな ②じゅう・とお・じっ(じゅっ)
3 ①一月三日 ②八 ③三 ④三 ⑤十 ⑥九
4 ①右手 ②左足 ③下 ④上

☆アドバイス 2 ②「十」の読み方に注意しましょう。「十回」の「十」は「じっ」ですが、「じゅっ」とも読みます。

7 入・出 16ページ

1 ①はい ②い ③にゅう ④しゅつ ⑤で ⑥で
2 ①入学 ②出 ③入 ④出

8 立・休・見 18ページ

1 ①けん ②み ③きゅう ④ひとやす ⑤りつ ⑥た
2 ①立 ②休 ③花見 ④休日

9 子・女・男 20ページ

1 ①こ ②し ③おとこ ④だんし ⑤おんな ⑥じょし
2 ①男・子 ②女・子 ③男女 ④王子

☆アドバイス 2 ①「子」の一・二画目を続けて書かないように注意しましょう。「マ→マ→子」と三画で書きます。②「女」は筆順に注意しましょう。一画目は横棒ではありません。「く→女→女」と三画で書きます。

10 人・王・天 22ページ

1 ①にん ②てん ③おう ④おう ⑤てん ⑥あま
2 ①人 ②王 ③天 ④人

11 口・目・耳 24ページ

1 ①くち ②じんこう ③め ④もく ⑤みみ ⑥み
2 ①口 ②耳 ③目玉 ④出口

☆アドバイス 2 ②「耳」の五画目は右上にはらい、六画目の右に少し出るように書きます。

12 手・足・力 26ページ

1 ①てあし ②し ③にそく ④りょく ⑤ちから ⑥りき
2 ①手 ②手 ③足 ④力

☆アドバイス 1 ③「足」は一対の履き物を数える言葉です。「三足」は「さんぞく」と濁音になるので注意しましょう。

13 ふくしゅうテスト② 27〜28ページ

1 ①きゅう ②み ③しゅつ ④はい ⑤た ⑥い・でぐち
2 ①ちから・りょく ②ひと・にん・じん・りき
3 ①王人 ②男・子 ③女・子 ④天気
4 ①目 ②耳 ③口 ④手 ⑤足

☆アドバイス 2 ①「リョク」「リキ」②「ジン」「ニン」の音読みの読み分けはそれぞれの言葉で正しく覚えましょう。

24 竹・花・草 50ページ

2
① たけ
④ かな
② はな
⑤ くさ
③ そう
⑥ くさ

1 竹・花・草

★アドバイス
「竹」の三画目、六画目ははねて書くので注意しましょう。「草」の画目は「竹」ではねて書くので注意しましょう。

23 ふくしゅうテスト④ 47・48ページ

1
① はなたば
④ せい
② おとこ
⑤ ちゅう
③ いぬ
⑥ むし

2
① せんえん
④ ただ
② えん
⑤ ただ

3
② た

4
① だい・しょう
④ しょう・おお
② しょうがく
⑤ ちゅうがくせい
③ ちゅうがく
⑥ しょうがくせい

★アドバイス
「円」は丸いもの、平面的な円を表します。丸い皿の「円」、窓の「円」など「まるい」「まるく」として使います。ただし例外もあり、顔の「円」、球形のものは「円」を使います。一般に「まるい」「まるく」は「丸」を使いますが、「円」もまるいものに付くときがあります。

2
① えん
④ まるく
② えん
⑤ ただしい
③ まるい

1 正・円

22 正・円 46ページ

25 犬・虫・貝 52ページ

2
① いぬ
④ いぬ
② ちいさ
⑤ むし
③ こいぬ
⑥ か

1
① おおいぬ
④ かい
② かい
⑤ むし
③ むし

★アドバイス
「貝」の「目」の部分が濁音になるときは「貝」の形が似ていることに注意しましょう。「見」と字形が似ているので「見」「貝」の字形のちがいに注意しましょう。

26 山・川・石 54ページ

2
① やま
④ かわ
② いし
⑤ かわ
③ せい
⑥ きし

1
① やま
④ せき
② こいし
⑤ いし
③ やま

★アドバイス
「石」の右上の点を忘れないように注意しましょう。形が似ているので「右」「石」の字形に注意しましょう。

27 田・林・森 56ページ

2
① た
④ はやし
② た
⑤ もり
③ もり
⑥ はやし

1
① はた
④ た
② はやし
⑤ しん
③ りん

★アドバイス
「林」の四画目、八画目ははらって書くので注意しましょう。「林」の四画目は「田」の四画目のように書くので注意しましょう。

28 空・気・雨 58ページ

2
① あめ
④ そら
② う
⑤ きら
③ くう
⑥ あき

1 空・気・雨

★アドバイス
「雨」は、点の向き、雨の向きに注意しましょう。

1 ①うてん ②けん ③むし ④しんりん ⑤そう ⑥がい

2 ①にし・せき・しゃく ②くう・き・おおぞら・あ・から

3 ①林 ②気 ③天 ④川 ⑤竹 ⑥草花

4 ①石川 ②田竹 ③虫 ④山

アドバイス 2②「空」には「そら」「あ-く」「あ-ける」「から」と訓読みが四つあります。熟語や文の中で覚えましょう。

1 ①いちねん ②としうえ ③がっこう ④まな ⑤がくねん ⑥こう

2 ①小学生 ②年 ③学 ④小学校

アドバイス 1③「学校」の「学」は「がっ」と促音で読むので注意しましょう。

1 ①せんせい ②さき ③い ④ぶん ⑤も ⑥なま

2 ①文 ②先 ③生 ④生日

アドバイス 1①「先生」の読みを「せんせえ」と書かないように注意しましょう。

1⑥「生野菜」のように、「生」を「なま」と読む言葉は、ほかに「生卵」「生肉」「生ビール」「生意気」などがあります。

1 ①ほん ②じ ③めい ④じ ⑤ろっぽん(ろくほん) ⑥みょうじ・な

2 ①字 ②名人 ③本 ④本気

アドバイス 1⑤「～本」という数え方は、上にくる言葉によって、「ほん・ぼん・ぽん」と言う方が変わります。数の場合は、「一本(いっぽん)・二本(にほん)・三本(さんぼん)・四本(よんほん)・五本(ごほん)・六本(ろっぽん・ろくほん)・七本(ななほん)・八本(はちほん・はっぽん)・九本(きゅうほん)・十本(じっぽん・じゅっぽん)」などとなります。

2①「字」は「学」と字形が似ているので注意しましょう。

1 ①としした ②さき ③もん ④もじ ⑤ほん ⑥こう

2 ①せい・いっしょう・い・な ②な・めい・みょうじ・い・なま

3 ①本 ②学校 ③校 ④文 ⑤年 ⑥先月

4 ①学ぶ ②生まれる ③生える

アドバイス 2①「生」には訓読みがたくさんあります。他にも「四月生まれ」「利益を生む」「花を生ける」「ひげを生やす」「才能を生かす」「歯が生える」などがあるので、文の意味に合わせて正しく使うようにしましょう。

★36 まとめテスト③ 73〜74ページ

4
- ① さくらんぼ
- ④ ごくせん
- ③ ⑤
- ② つよのむし
- ① で
- ④ だ
- ③
- ② おかにじくろ
- ① まへ
- ③

3
- ① 犬さんが くうなくし
- ④ ③ ②

2
- ④ とうじゃんくし
- ③

1

（同）
順・上下・千先見
不・左右・男女・大小
男小・天かにじ
女か・天かにしく
大小・正雨

★35 まとめテスト② 71〜72ページ

4
- ① 立つ・虫木
- ② 早い・火口
- ④ 下九・五三・学白
- ① 中目三三・木貝
- ③ 二一・二

3

2

1
花

★34 まとめテスト① 69〜70ページ

★アドバイス
字はすべて六画です。「村」は七画で書きます。他の漢字...

4
村

3

2

1
- ① 耳・王人 ② 玉人 ③ 林右 ④ 足
- ① イ ② ア ③ ア ④ ①
- ⑤ ア ⑥ ⑦